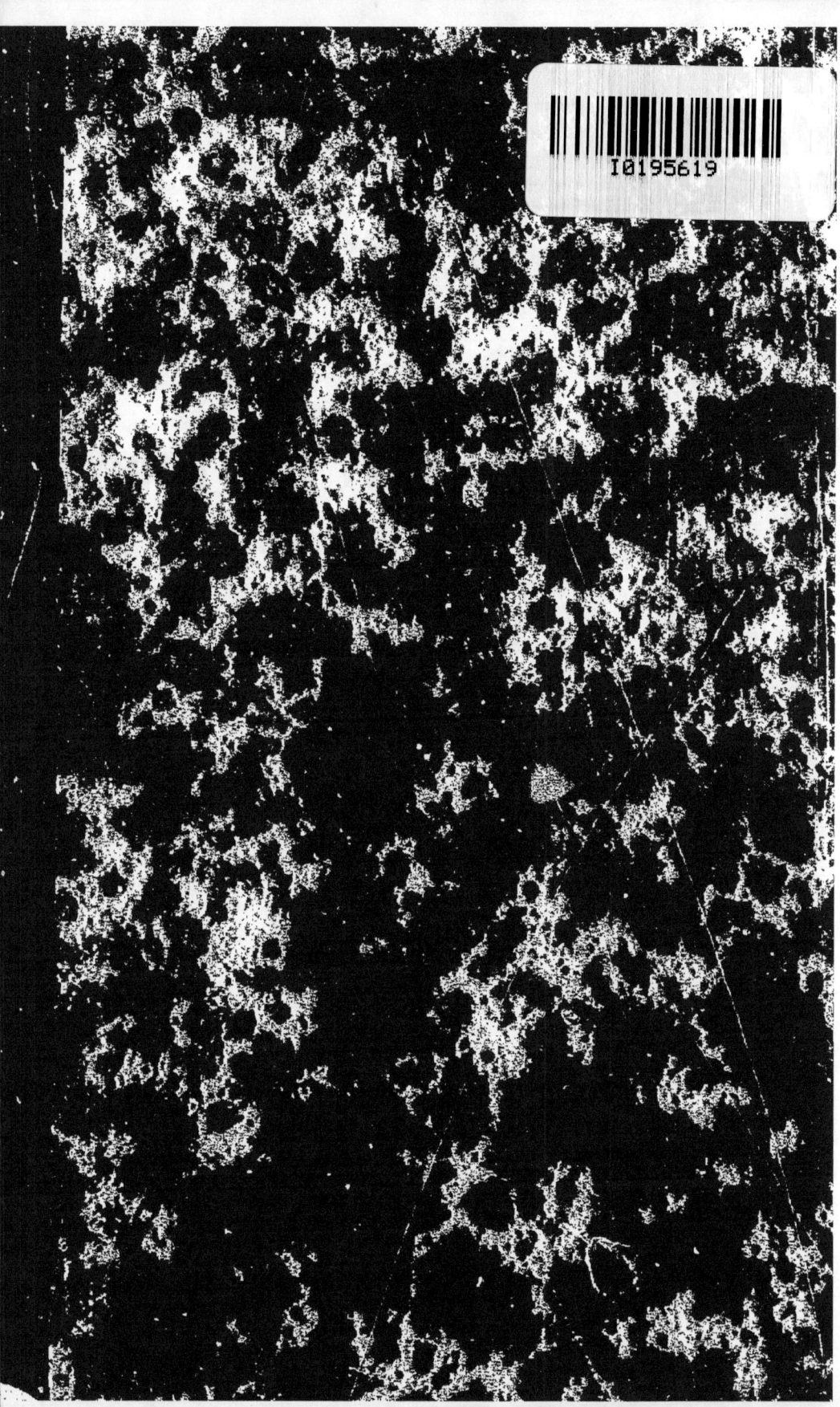

A S. A. R. le Prince de Joinville.

LE TREMBLEMENT DE TERRE

DE

LA GUADELOUPE,

PAR

M. André de LACHARRIÈRE,

Conseiller, Président de la Cour royale de la Guadeloupe, Membre
du Conseil Colonial.

PARIS,
IMPRIMERIE DE E. BRIÈRE,
RUE SAINTE-ANNE, 55.

1843

À S. A. R. le Prince de Joinville.

LE TREMBLEMENT DE TERRE

DE LA GUADELOUPE,

PAR

M. ANDRÉ DE LACHARRIÈRE,

Conseiller, Président de la Cour royale de la Guadeloupe, Membre
du Conseil Colonial.

PARIS,
IMPRIMERIE DE E. BRIÈRE,
RUE SAINTE-ANNE, 55.

1843

À S. A. R.

Mgr le Prince de Joinville.

MONSEIGNEUR,

Votre Altesse Royale a visité la Guadeloupe en un temps que nos misères présentes nous rendent plus regrettable. Ce court séjour parmi nous avait suffi pour laisser dans nos cœurs de durables souvenirs, et pour jeter dans nos esprits des prévisions qu'aux jours du péril vous avez si brillamment réalisées.

A ce titre, Monseigneur, j'ai pensé que Votre Altesse Royale avait droit au récit spécial de la catastrophe qui a couvert notre île de ruines, changé son aspect en beaucoup d'endroits, et par laquelle notre courage aurait été abattu, si, en présence des sympathies de la France et de votre auguste famille, il avait pu l'être.

1843

Sans doute, Monseigneur, je suis demeuré bien au-dessous de ma tâche; mais la cause en est dans la grandeur de l'événement autant que dans la faiblesse de l'historien. J'ai cependant l'espoir que vous accueillerez cet essai avec indulgence, en faveur des belles actions qu'il retrace et que vous êtes si digne d'apprécier.

De toutes ces saintes et épouvantables choses, il ressort une vérité dont la consolation n'échappera point à Votre Altesse Royale; c'est que ces grands phénomènes, où est si profondément empreint le doigt de Dieu, sont destinés, non-seulement à rétablir l'équilibre dans le monde physique, mais encore à donner des enseignemens et une impulsion salutaire au monde moral, par le spectacle d'une destruction plus générale, par une idée plus présente de la puissance divine, et par l'occasion de se manifester offerte à ces beaux caractères qui servent de modèle à l'humanité dont ils sont la gloire.

Je suis, avec un profond respect,

Monseigneur,

De Votre Altesse Royale,

Le très-humble et très-obéissant serviteur,

A. DE LACHARRIÈRE,

Conseiller, Président de la Cour Royale de la Guadeloupe, membre du Conseil Colonial.

De tous les phénomènes physiques, agens providentiels de la destruction, qui, de loin à loin, viennent épouvanter les hommes, il n'en est point qui produisent sur l'imagination une impression plus profonde qu'un tremblement de terre. Aucune ne nous avertit mieux de notre faiblesse, ne nous offre une mort aussi prompte, aussi certaine. Un ouragan, on le voit se former, grandir; les nuages qui s'accumulent, le baromètre qui descend, annoncent son approche. Un incendie, le débordement d'une rivière, sont révélés par les causes qui les produisent, et par leurs progrès mêmes; mais un tremblement de terre, rien ne l'annonce, et en deux secondes il renverse une ville et change la face d'une province.

Lorsqu'on voit le sol monter et redescendre

comme les ondes de la mer, les montagnes s'affaisser, les édifices s'écrouler, la terre s'entr'ouvrir vomissant de l'eau et du feu, toute retentissante et convulsive des formidables grondemens qui ébranlent ses entrailles, et que, manquant de point d'appui, les animaux chancellent et tombent... on croit assister à un de ces cataclysmes qui ont bouleversé notre monde primitif et englouti les créatures vivantes à sa surface. Alors l'épouvante s'empare des cœurs.

Ce n'est point cette peur qui, sur le champ de bataille, fait trembler les genoux du lâche; c'est un sentiment d'effroi qui emprunte à la majesté même du phénomène quelque chose de surhumain et de religieux. Il n'est rien de plus imposant alors en ce monde que le spectacle de toute une population chassée de ses demeures, prosternée dans les rues, les mains élevées vers le ciel. Les physionomies ont une expression d'égarement qui ne saurait se reproduire en aucune autre scène d'épouvante. C'est que cette population se sent tout à coup face à face avec l'omnipotence de Celui qui tient dans ses mains le monde comme un globe de cristal; c'est que, par les terreurs de la pensée, elle a déjà franchi l'idée de la mort pour arriver à celle de ce terrible jugement qui doit être la fin de tout : immense abîme de l'éternité où la mort elle-même doit disparaître !

Jamais peut-être tremblement de terre n'a été plus inattendu, plus violent, plus destructeur que celui qui vient de bouleverser les Antilles. En avoir été le témoin, c'est être convaincu qu'il est au-dessus de toute description. Entreprendre de le retracer sur la toile ou dans un écrit, ce serait ne l'avoir pas compris. Aussi mon entreprise serait-elle de la folie, si elle n'était l'accomplissement d'un saint devoir.

Le matin du 8 février, jour dont le souvenir ne mourra jamais dans la Guadeloupe, le temps était beau, la brise n'avait jamais semblé si fraîche ni l'air plus suave; les habitans de la campagne se livraient aux travaux de la récolte, ceux des villes aux soins de leur commerce et de leurs affaires; le navire d'Europe, la goëlette du cabotage, le lourd chaland des habitations, la légère pirogue des noirs, accouraient de tous les points de l'horizon et de la colonie au rendez-vous accoutumé de leurs transports et de leurs échanges. C'était à la Pointe-à-Pitre que ce mouvement et cette activité venaient aboutir et se résumer.

La nature et la civilisation avaient tout fait pour cette ville. Un des plus beaux ports du monde lui avait été creusé pour ses navires; elle était défendue des flots de la haute mer par la plus gracieuse ceinture d'îlots parés de tout le luxe de la végétation tropicale; elle avait pour étaler ses richesses, mêlées aux merveilles des produits des Deux-Mondes, une ceinture de longs quais pavés de larges dalles, sous l'ombre de grands arbres, et bordés de hautes et belles maisons de pierre où, du haut des balcons, pour réjouir ses yeux, elle voyait dans le lointain la chaîne bleuâtre des montagnes de la Souffrière ; enfin, des canaux et des passes l'avaient mise en communication avec chaque anse de la colonie. Elle était le centre du commerce, le lien qui unissait la Guadeloupe et la métropole ; et les étrangers l'appelaient la Venise des Antilles.

À dix heures trente-cinq minutes, — heure néfaste, qui est restée marquée pour l'éternité au cadran d'une église abattue, — des oscillations subites se font sentir ; les maisons se balancent comme des têtes de palmiers, les navires battus par des chocs sous-marins éprouvent des soubresauts convulsifs qui n'ont pas de nom même dans la langue pittoresque des matelots. Au mouvement horizontal viennent se joindre des mouvemens de haut en bas et de bas en haut ; c'est le tangage et le roulis sur la terre, devenue semblable à une mer agitée par la tempête ; ses entrailles recèlent l'ouragan qui soulève sa surface, et dont les sourds rugissemens ajoutent l'effroi des oreilles à l'épouvante des yeux. Les montagnes elles-mêmes se renversent et roulent dans les vallées. Comment les ouvrages des hommes pourraient-ils rester debout ?

Quelqu'un qui, se trouvant à bord d'un navire mouillé sur la rade, avait été à même de tout voir, me disait :

« Le bâtiment éprouvant des chocs violens, nous tournâmes les yeux vers la ville ; les maisons allaient et venaient, s'élevaient et s'abaissaient, se penchant les unes vers les autres. — C'est la poudrière qui saute, me dit le capitaine. — Non, lui répondis-je, nous aurions déjà entendu le bruit; c'est un tremblement de terre. A l'instant même, nous voyons la tour et le moulin de Jary disparaître sous le ciel comme une image que l'on efface avec une éponge. Un immense craquement se fait entendre, ce sont les maisons qui se disloquent. Il est bientôt suivi d'un fracas assourdissant, ce sont les murs qui s'écroulent. Et à la place d'une ville, nous n'avons plus devant nous, de la terre au ciel, qu'un épais et sombre amoncèlement de tourbillons de poussière, à travers lesquels nous distinguons les ruines les plus rapprochées, et la partie de la population qui, échappée au désastre, se pressait sur les quais. »

Parmi les victimes, les unes ont été écrasées dans leurs maisons, d'autres dans les rues. Celles-ci n'ont que la partie inférieure du corps broyée entre les étaux des madriers et des pierres; la tête pense, le cœur bat, elles vivent tout juste assez pour se sentir souffrir.

Mais voilà qu'un incendie d'une soudaineté et d'une fureur inimaginables enserre les ruines dans mille cercles de feu. Il suit de si près le tremblement de terre, que les deux fléaux semblent être, et ne sont peut-être que les effets simultanés d'une même cause. Mais l'incendie est le plus implacable des deux; car il vient terminer l'œuvre incomplète de l'autre, il vient détruire jusqu'aux débris eux-mêmes, enlever aux malheureux leurs ressources dernières, et achever ceux que l'espoir et la vie n'avaient abandonnés qu'à moitié.

Parmi les cadavres retirés de dessous les décombres, quelques-uns sont, en effet, calcinés, d'autres ont seulement les jambes brûlées; à la profondeur de l'empreinte de leurs dents sur leurs lèvres, on reconnaît que les malheureux étaient vivans au moment où ils ont senti les premières atteintes du feu.

Une chose horrible à penser, hélas! mais qui n'est que trop vraie, c'est que des individus ont été brûlés vifs, sous les décombres, plusieurs jours même après la catastrophe; car l'incendie n'a pas cessé un instant de sévir, jusqu'à ce que tout ait été consumé. On n'essaya pas même de le combattre : les pompes étaient brisées, les puits détruits! Pour ces malheureux, chaque jour passé vivans dans leur tombeau a dû être un siècle. Que de fois l'espoir a dû naître et mourir dans leur cœur! Que n'ont-ils pas dû éprouver d'horreurs, lorsque les pétillemens du feu, et sa chaleur qui commençait à crisper leurs membres, leur ont révélé le sort suprême qui les attendait!

Sans doute, quelques-uns avaient perdu le sentiment de l'existence, et ils ne lui appartenaient déjà plus quand l'incendie, les réveillant pour une dernière douleur, les a rendus à la mort. Mais être enterré vivant! Puis être brûlé vif!... Coup sur coup, les deux agonies, les deux morts les plus atroces de toutes !.. Ah! c'est trop! oh mon Dieu ! Voilà qui seul ferait croire à l'existence d'un autre monde, complément réparateur des misères de celui-ci, et dans lequel il sera tenu compte à ces malheureuses victimes de leurs horribles souffrances. Là aussi se trouvent, et l'explication de cette vie, et, au point de vue humain, la justification même des décrets de Dieu.

Eh ! qui donc, maintenant, pourrait imaginer et décrire les drames qui ont dû se passer au milieu de ces ruines vivantes et de ces ruines mortes, à travers ces tourbillons étouffans de fumée et de poussière, aux ardeurs envahissantes de cet incendie, nouveau taureau d'airain qui avait des voix humaines pour ses mugissemens ! Entendez-vous les plaintes informes qui s'élèvent du fond de ces débris, et les cris déchirans des mères qui appellent leurs enfans, des enfans qui demandent leurs mères !... Hélas ! la voix appelée ne répondra plus !

Ceux qui ont eu le bonheur de s'échapper se pressent sur les places publiques et sur les quais. Il en est qui, voyant le sol s'affaisser, craignant d'être engloutis, se jettent à la mer et nagent vers les vaisseaux... où tous n'arrivent pas.

Quel terrible sujet de méditations et de douleurs que le spectacle de ces hommes qui s'étaient éveillés riches et heureux, et qui maintenant, mutilés, broyés, brûlés, noircis par la fumée, suffoqués par la poussière, dévorés par la soif, sans eau, sans pain, sans asiles, sans famille, pauvres, nus, disputent à l'incendie les corps mutilés et les cadavres de leurs proches, ou quelques débris misérables de leur grande fortune!

M. Nadau, de la direction du génie, il y a deux minutes, avait huit enfans, une femme chérie, des domestiques pour les servir. Voyez-vous à ses côtés ce petit garçon de deux ans que la poussière étouffe? c'est tout ce qui lui reste.

M. M***, négociant, est plus malheureux encore, il n'a personne auprès de lui. Que sont devenus sa belle-mère, sa belle-sœur, ses quatre enfans, et les domestiques qui les servaient?

Les infortunés!... Ils n'ont même pas la triste consolation de donner la sépulture aux objets de leurs regrets, qui seront consumés par l'incendie, pourriront sous les décombres, ou seront confondus avec cette foule de morts que, pour éviter la contagion, on se hâte d'entasser dans une sépulture commune ou d'aller au loin jeter dans les flots.

Mais on a étendu des matelas sur les quais : cela s'appelle l'AMBULANCE... C'est un abattis confus de bras et de jambes broyés!... çà et là il ne reste plus que des troncs.

Le Café Américain, édifice à trois étages élevé sur voûte, s'est écroulé sur le quai. Trois cents victimes sont enterrées sous ses débris. Il en est qui vivent encore. Leurs voix étouffées appellent du secours; on les entend. A l'œuvre!

Mais l'incendie accourt et réclame sa proie. Tantôt il s'élève en tourbillonnant vers le ciel; tantôt, poussé par le vent, il roule sur ces débris comme un fleuve débordé, se communique au bois résineux dont les combles des maisons étaient construits. Déjà la chaleur qui le précède incommode les travailleurs : mais ceux-ci redoublent d'efforts; ils espèrent gagner l'ennemi de vitesse... Vain espoir ! L'incendie a trouvé un aliment formidable dans les matières résineuses et alcooliques si abondantes dans les villes commerçantes; c'est maintenant une mer de feu dont les vagues enveloppent les ruines de l'édifice, qui n'est plus qu'un immense bûcher : et les travailleurs, étouffés par la fumée, les mains crispées par le feu, le désespoir dans le cœur, sont obligés de fuir et d'abandonner les malheureuses victimes sous la voûte qui devient une fournaise.

Ailleurs, un mari, aidé d'un gendarme, travaille à retirer sa femme et son enfant de dessous les décombres; mais ici encore l'incendie vient disputer sa proie, et la lutte commence. Déjà l'enfant est délivré, la mère est sur le point de l'être ; mais l'incendie aussi a fait des progrès. Les flammes, accourues comme les serpens de Ténédos, ne permettront pas qu'on enlève leur proie toute entière. Déjà elles environnent la mère; déjà même elles se sont communiquées aux vêtemens du père :
« Vos efforts sont inutiles, s'écrie du milieu des
» flammes cette femme modèle de courage et d'a-
» mour, je suis perdue : sauvez-vous, sauvez no-
» tre enfant ! » Le gendarme, d'une main emporte

l'enfant, de l'autre il entraine le malheureux époux.

Madame Navailles s'échappait avec son mari, frère du trésorier de la Guadeloupe. Une maison s'écroule : ils sont renversés par les débris. Madame Navailles demeure privée de sentiment. L'impression de quelque chose de froid sur son visage la fait revenir : c'était la cervelle d'un homme qui, dans son empressement à s'échapper, était passé devant elle. Il avait reçu les coups qui lui étaient destinés, et, en la couvrant de son cadavre, il l'avait garantie même après sa mort.

Dès qu'elle fut dégagée, son premier soin fut de sauver son mari. On soulève sa tête qui retombe, on assure qu'il est mort et on s'en va. Elle ne se décourage pas : elle court, malgré ses blessures, implorer l'appui de tous ceux qu'elle rencontre; mais ils allaient, les uns au secours de leurs maîtres, les autres au secours de leurs familles. Enfin, un enfant consent à la suivre. A eux deux ils essaient de porter... j'ai presque dit le cadavre; leurs forces, qui sont bientôt épuisées, les obligent à abandonner leur entreprise. Le courage de madame Navailles n'est point ébranlé par tant d'obstacles : la persévérance et le dévoûment devaient enfin triompher. Elle rencontre un domestique qui vient avec elle et emporte son mari, qu'à force de soins elle rappelle à la vie.

Enfant de la colonie, et l'un des membres les plus distingués de la faculté de Paris, le docteur Lherminier était aux environs de la ville. Il accourt. Sa maison renversée couvre toute sa famille, sa fortune et les manuscrits dépositaires de ses pensées et des fruits de ses longues et savantes recherches. Il reste stupéfait ; il regarde, il appelle, il écoute ; personne ne paraît, aucune voix ne lui répond. Enfin, un nègre aperçoit un bras. On déblaie : on retire un enfant. En voilà un ! il vit ! le père le serre dans ses bras. On dégage ainsi successivement six enfans, sa belle-sœur, sa femme, une partie de ses domestiques, tous mutilés, défigurés. Un domestique avait six fractures. Sa femme avait la cuisse cassée, sa fille aînée était privée de la raison. A elle seule enfin, sa famille est une ambulance. Qu'on juge de sa position. Son âme a peine à suffire aux soins qu'il lui donne jour et nuit, aux émotions qui l'ont assailli. A la vue de la jeune aliénée, il est près de perdre lui-même la raison. Inspiré par la science ou le désespoir, il prend sa fille dans ses bras, la porte dans la mer, lui ouvre les veines au milieu des flots ; et son enfant recouvre la raison quarante-huit heures après l'avoir perdue.

Aussi comprend-on que la population qui survit à tant de calamités présente une physionomie étrange. Les uns ont une exaltation de tête et de langage qui tient du délire ; d'autres ont conservé un sang-froid qui n'est ni de l'insensibilité, ni de la résignation, et qui vous confond la pensée et vous brise le cœur.

Voyez cet homme debout, les yeux fixés sur ce tas de pierres et de mortier qui recouvre tous ceux qui lui étaient chers, immobile, étranger à tout ce qui se passe autour de lui : c'est la vie moins l'intelligence. Du moins son sort ne saurait être pire, et le temps, par son action lente et prolongée, l'adoucira peut-être ! Mais cette mère échevelée qui court partout cherchant son fils, le demandant à tout venant, qui croit sans cesse le voir, l'entendre, ne le voit, ne l'entend jamais, combien son espoir, qui renaît toujours pour être toujours déçu, va prolonger son supplice !...

Celui-ci, l'œil sec et rouge, le teint cadavéreux, vous montre un monceau de pierres et vous dit froidement : Mes enfans sont là. Il est tombé dans l'hébétement de la stupeur comme s'il avait été frappé de la foudre. Il ne comprend pas encore son malheur. Il n'y a pas foi. Mais lorsque le calme sera revenu dans les idées, que l'âme aura repris son assiette, combien sera poignante cette douleur longtemps comprimée, à laquelle chaque jour viendra donner une intensité plus grande !

Après de si épouvantables misères entassées dans l'espace que peut tenir une population de près de vingt mille âmes, on hésite à parler des désastres du reste de la colonie.

Et cependant, à Joinville, au Port-Louis, à Sainte-Rose, au Moule, tout ce qui était mur de pierre a été renversé; dans cette dernière ville, on compte trente-deux victimes; et là où s'élevait Petit-Bourg, on traverse une double rangée de maisons écroulées.

A la Grande-Terre, presque toutes les usines ont été rasées, et on se demande comment ont pu être renversés de fond en comble ces moulins qui, par leur forme et leur structure, semblaient faits pour défier le temps et les orages.

Il n'est presque point de commune qui n'ait quelque chose d'extraordinaire à raconter ou à faire voir.

A Bouillante, où il n'y avait qu'une fontaine d'eau chaude, c'est un étang qui bout et qui fume.

A Pigeon, des monticules ont éclaté comme sous l'action d'une mine, des quartiers de roches ont été projetés plus loin, d'autres ont été retournés sens dessus dessous et en place, les arbres d'alentour ont été brûlés. Les mouvemens du sol étaient si violens qu'il était impossible de se tenir debout ; des carrelages ont été disloqués, des maisons en bois ont été abattues.

La terre s'est ouverte dans un grand nombre de localités ; il en a jailli tantôt de l'eau, tantôt des matières terreuses imprégnées de souffre.

Dans les forêts, les branches d'arbres ont été brisées comme par un ouragan ; des crevasses, dont quelques-unes se prolongent dans l'espace d'une demi-lieue, des rochers inclinés et pendans ne permettent pas de les parcourir sans danger.

A la Basse-Terre, le grand piton de la Souffrière a roulé dans le gouffre, et couvert les mornes à ses pieds. De leur cime à leurs flancs, la plupart de nos montagnes ont été bouleversées, dépouillées ; il n'en reste plus que les assises, les noyaux, pour ainsi dire. Par leur nudité et leur teinte rougeâtre, —elles, autrefois si verdoyantes et si boisées,—elles semblent ne pas appartenir à nos climats. On croirait qu'elles y ont été transportées du fond de quelque désert brûlé de l'Afrique !

La portion du quartier des Habitans appelée la Grande-Rivière est un pays à part ; on dirait, durant l'espace de plusieurs lieues, un immense précipice aux parois duquel des habitations sont comme suspendues entre le ciel et l'abîme. C'est au fond de ce précipice que coule une des plus fortes rivières de l'île. Aussitôt après le tremblement de terre, les eaux cessèrent de couler : elles avaient été interceptées par les éboulemens de montagnes entières qui, en comblant les falaises, les firent s'accumuler à une hauteur prodigieuse.

Vers minuit, ces masses de terre et ces masses d'eau se mettent en mouvement. C'est un fleuve qui se précipite en cataracte, chassant devant lui des montagnes. Rien ne leur résiste ; les rochers sont brisés, les forêts sont déracinées et entraînées. Multiplié, grossi par tant d'échos, ce fracas formidable réveille en sursaut les habitans, ébranle leur demeure, et fait trembler de nouveau le sol lui-même.

Là, il n'est point d'habitant, quelque simple qu'il soit, qui ne devienne éloquent lorsqu'il vous parle de ce qu'il a entendu et de ce qu'il a éprouvé dans cette terrible nuit. Il n'en est aucun qui n'ait cru sa mort certaine, et qui, la face contre terre, n'ait demandé à Dieu, non pas sa vie,— dans leur pensée c'était inutile,— mais le pardon de ses fautes.

« Jamais, me disait l'un d'eux, un bruit sembla-
» ble n'a frappé l'oreille d'un homme; ce qui me
» surprend c'est, après l'avoir entendu, d'être en-
» core vivant, de vous parler et de voir la colonie.
» Nous crûmes que les sources du grand abîme
» s'étaient ouvertes une seconde fois, et que la mer
» montait de nouveau pour engloutir les plus hau-
» tes montagnes. »

Ainsi, dans la Guadeloupe, à ceux qui ont été écrasés, brûlés, il faut ajouter ceux qui ont été ensevelis sous des montagnes et noyés dans des abîmes! Ainsi, un seul événement a reproduit dans cette île malheureuse les effets du tremblement de terre de Lisbonne, de la catastrophe du chemin de fer de Versailles, sur une échelle immense, et des terribles éboulemens de la Suisse !

Et tout cela en moins de deux minutes ! Et au-dessus de tout cela, sur des pans de murs restés debout, ici le tableau des ruines de Babylone, image prophétique des ruines du jour, là, sur le cadran d'une église écroulée, l'aiguille qui marquait les pas du temps, arrêtée immobile à l'heure qui, pour des milliers de victimes, avait séparé la vie de la mort, les ouvrages de l'homme de la destruction, le temps de l'éternité ! Et, au-dessus de tout cela encore, le soleil brûlant et radieux des tropiques !

Mais non ; de même que l'arche de salut demeura au-dessus du vaste abîme des eaux, et qu'après les hécatombes du sacrifice l'encens montait agréable à Dieu, — de même, au-dessus de cette désolation de la désolation, et de cette épouvante inouie, où l'œil est resté sans regard, la voix sans accent et la raison sans lumière, planeront éternellement, pour la consolation et la reconnaissance de notre pays, pour l'admiration et la gloire de la race humaine, le souvenir et l'exemple des saintes actions d'héroïsme et de fraternité dont nous avons à faire le récit.

Sans doute on parlerait en d'autres temps des désastres de la Basse-Terre ; mais, en présence de le Pointe-à-Pitre, on trouve qu'elle a été épargnée. et on les oublie comme cette noble ville les a oubliés elle-même. Ebranlant, crevassant les maisons, poussant par une sorte de commotion électrique les habitans dans les rues, où, à genoux, les mains suppliantes, leurs voix confuses se mêlaient au bruit qui s'échappait de la terre, semblable au bruit d'une multitude de chars roulant sous une voûte, — à peine le fléau fut-il passé sur la Basse-Terre, que l'anxiété et la pensée de tous se portèrent sur la Pointe-à-Pitre. On savait que les maisons très-élevées de cette malheureuse ville étaient

bâties sur des terrains rapportés, peu solides, et
que les tremblemens de terre s'y étaient toujours
fait plus fortement sentir.

Vers deux heures, un homme arrive de la Capesterre. Il raconte qu'une sucrerie sur laquelle il
se trouvait a été rasée ; que, ne pouvant plus tenir
pied, les bœufs ont été jetés sur leurs genoux ; que
la terre s'est fendue en plusieurs endroits ; qu'il est
monté sur une hauteur d'où l'on découvre la
Pointe-à-Pître ; et que là où s'élevait cette ville il
n'a plus aperçu que le vide et un immense tourbillon de fumée et de poussière.

A quatre heures, deux goëlettes apparaissent à
la Pointe du Vieux-Fort. On ne tarde pas à reconnaître leurs signaux de deuil et de détresse : les deux
pavillons sont en berne. Des canots s'élancent à
leur rencontre. On se précipite vers le bord de la
mer ; on veut savoir si des parens, des amis, des
compatriotes vivent encore.

Elles arrivent ; il n'est que trop vrai, la Pointe-
à-Pître n'existe plus ; le tremblement de terre a
détruit tout ce qui était pierre... l'incendie détruit
tout ce qui est bois.

Un long et sourd gémissement s'élève. Bientôt il n'y a plus ni riche ni pauvre, ni maître ni
esclave, ni distinction de race, tout se confond dans
une seule pensée de charité et de patriotisme :—« Des
secours à la Pointe-à-Pître ! du pain pour ceux qui
survivent, des vêtemens pour ceux qui sont nus,
de la charpie pour ceux qui sont blessés, de l'ar-

gent pour tous! » Et, sous la direction intelligente et dévouée de M. Terrail, maire de la Basse-Terre qui, aidé de son brave commissaire de police, a trouvé le moyen de se multiplier en ce jour d'émotions désordonnées, des quêtes s'organisent, les aumônières s'emplissent, des ateliers de charpie s'improvisent, les armoires se vident. — « Voilà le pain de mes enfans, dit l'artisan! voilà nos robes s'écrient les femmes de couleur! prenez nos anneaux et nos épingles d'or, disent les esclaves! voici du pain, de l'argent et des vêtemens, disent les riches! » Et, en un instant, de cette ville chrétienne, de cette noble Basse-Terre, qui avait été abandonnée sans secours avec ses trois cents cadavres, lors du terrible coup de vent qui la bouleversa en 1825, il va partir des navires chargés de secours de tout genre.

Le Gouverneur en envoya aussi de son côté. Il devait envoyer, car on manquait de tout. Mais pour l'impatience de ses émotions et de son dévoûment, ce n'est pas assez.

Depuis les premières secousses, il est dans les rues de la Basse-Terre, exposé au fléau qui peut recommencer et aux morsures d'un soleil sans pitié, torturé par le spectacle désolé de toute la population, qu'il console par ses paroles, qu'il encourage par sa fermeté; les fatigues de l'homme physique ne peuvent tarder à dompter l'homme moral; n'importe! Il partira pour la Pointe-à-Pitre, il partira sur l'heure, il partira à cheval, ayant seize lieues de chemin et la nuit devant lui, pour n'avoir pas à éprouver en mer les retards possibles du calme ou des vents contraires. — « Mais donnez-vous au moins le temps de changer de linge, de prendre un peu de nourriture, lui disait-on affectueusement et les larmes aux yeux comme lui. — Eh! quel temps, quel linge, quelle nourriture voulez-vous que je prenne, répondit-il, quand il y a là-bas tant de malheureux qui n'ont ni vêtement, ni pain, et tant d'autres qui n'ont pas seulement eu le temps de prier Dieu! »

Et il partit au galop.

Sur sa route, la Capesterre, la Gouyave, le Petit-Bourg formaient une si longue avenue d'horreurs et de ruines aboutissant à une Nécropole qu'il put se demander s'il lui resterait assez de raison et de forces pour le formidable spectacle de désolation qui devait l'attendre à la Pointe-à-Pitre.

Mais dans les événemens extraordinaires, Dieu veut que les hommes supérieurs soient supérieurs à eux mêmes. Sans doute, et comme on l'a vu, à la Basse-Terre, et sur la route, semée de funérailles, qu'il eût à parcourir, avait déjà commencé pour le Gouverneur de la Guadeloupe cette vie d'émotions et d'activité intelligente qui ne devait pas se démentir un seul instant; mais c'est la Pointe-à-Pitre que Dieu avait tenue en réserve pour faire éclater tout ce qu'un homme seul peut renfermer de courage, de sensibilité et d'intelligence.

En présence de besoins si pressans, de misères si accumulées, que d'ordres à donner, que de mesures à prendre! la délibération n'était pas possible: il fallait là tout à la fois l'élan du cœur et l'illumination subite de la pensée; il fallait tout ensemble concevoir et agir, partager les douleurs, soulager les misères, subvenir aux besoins du présent et aviser aux menaçantes exigences de l'avenir. Eh bien! toutes les difficultés qui enlaçaient à la fois le cœur et la pensée, l'administrateur, l'homme et le chrétien, M. Gourbeyre en a glorieusement triomphé.

C'est qu'il y a deux natures et comme deux hommes dans M. Gourbeyre. Comme gouverneur, comme amiral, avec quelle fermeté, quelle intelligence il s'occupe à réparer les pertes matérielles, à sauver les intérêts de la France, du commerce et de l'agriculture! Comme homme, comme chrétien, il a été frappé du même coup que nous, aussi vivement que nous: c'est un compagnon, un frère d'infortune.

Que le gouvernement, la France et le monde le sachent donc: Pour si grand qu'ait été le désastre de la Guadeloupe, M. Gourbeyre s'est montré aussi grand que lui; il en a été l'homme providentiel, et il y a, de la sorte, attaché son nom, qui en est désormais inséparable. Ce sont deux souvenirs qui n'en feront plus qu'un, et qui se transmettront de père en fils parmi nous, tant qu'il y aura une Guadeloupe.

Mais ils auront aussi leur part d'admiration et de reconnaissance, dans cet écrit comme dans nos cœurs, les émules, les coopérateurs du Belzunce de la Pointe-à-Pitre, qui ont détourné leur âme et leurs yeux de leurs propres infortunes pour ne s'occuper que de celles de leurs frères.

M. Champy, maire de la Pointe-à-Pitre, n'était en fonctions que depuis quelques jours. Toute la colonie connaissait la douceur de son caractère, la sûreté de son commerce, son dévoûment à ses parens et à ses amis, la sagesse de ses conseils, le désintéressement avec lequel il exerçait la profession d'avocat. Mais l'événement a révélé en lui des facultés d'un ordre plus élevé, et, à l'estime dont il jouissait déjà, sont venues s'ajouter la reconnaissance et l'admiration de ses concitoyens. Quelque grand, quelque subit qu'ait été le fléau, il ne l'a point pris en défaut. Il l'a trouvé à son poste et n'a pu l'en arracher. Au milieu de la confusion générale et de scènes si déchirantes, il se fait remarquer par sa présence d'esprit et la fermeté de son caractère. En vain veut-on appeler son attention sur ses pertes, sur les mesures à prendre pour sauver les débris de sa fortune. Il n'a ni le temps, ni la volonté d'y songer. L'homme privé s'est effacé pour laisser toute la place à l'homme public. Il s'occupe de tous les malheurs excepté du sien, il ne connait plus le sommeil; comme la Providence, il veille jour et nuit, tant il est vrai que rien n'est fort ici-bas comme l'homme de bien!

M. Champy a été parfaitement secondé par ses collègues du corps municipal. — « Il n'est point de pays dont de pareils hommes ne fussent l'honneur, » nous disait M. Gourbeyre, si bon juge en ces matières.

M. Ferlande était naguère un des plus riches négocians du pays. Sa fortune, évaluée à 40,000 fr. de rente, le tremblement de terre vient de la lui enlever! sa nièce, qu'il aimait d'un amour de père, elle est là, sous les ruines! l'enfant de sa nièce, encore un amour tendre, perdu, écrasé aussi, mort! Et cependant, ce qui reste de sa fortune, c'est lui qui le distribue; ces malheureux qui sont nus, c'est lui qui les couvre de ses vêtemens; ces blessures qui saignent, ces membres mutilés qui pendent, c'est avec son linge qu'on les panse et qu'on les lie! C'est lui qui a fait élever ces tentes, et à leur abri dresser ces tables toujours vidées, toujours chargées, et où, à toute heure, pendant de longs jours, tous ceux qui ont faim et soif viennent s'asseoir pêle-mêle pour la première fois, le blanc, le noir, l'homme de couleur, les maîtres et les esclaves! O mystère des terribles décrets de Dieu! Influence merveilleuse du patriotisme et de la vertu! Voilà que l'égalité se fait devant la charité chrétienne comme elle venait de se faire devant la mort!

La maison du docteur Granger est renversée. Lui, il ne songe qu'aux blessés. Que le feu dévore ce qu'il possède, que les pillards, s'il en est, le lui enlèvent, qu'est-ce que cela lui fait! il y a des blessés, c'est à eux qu'il appartient. Nuit et jour il est à l'ambulance; il panse, il opère, il encourage... Il fera plus; quand ceux auxquels il a donné les premiers soins seront transportés à la Basse-Terre, il ne les abandonnera point : entre les ruines de la Pointe-à-Pitre et les asiles ouverts au chef-lieu de la colonie, il établira un va-et-vient continuel; et son dévoûment et sa science ne manqueront à aucun de ceux qui ont foi en lui.

Car, hélas! il fallut bien s'y résoudre; les victimes qui survivaient encore durent être arrachées aux ruines où elles avaient laissé tout ce qui leur était cher, et dont l'aspect alimentait perpétuellement des tortures morales qui centuplaient l'intensité des soufffrances physiques, envenimées déjà par l'insuffisance des secours et les ardeurs contagieuses d'un ciel de feu. Mais quoi! à la Basse-Terre les plus grandes maisons ne sont-elles pas ébranlées? les hôpitaux seront-ils assez vastes? Quand chaque habitant aura pris le sien, ceux qui resteront d'entre les blessés et les aliénés, que ces navires emportent par milliers, seront donc campés sous des tentes, à l'ombre des tamarins du Cours? Où les mettra-t-on?

Laissez-faire, la charité d'un prêtre y a déjà songé.

En venant de la mer, sur un plateau qui domine la ville de la Basse-Terre, on découvre une grande et belle maison blanche; isolée, qui semble sortir du milieu des touffes de lauriers-roses qui tapissent les pieds de la terrasse. Là, en 1838 encore, existait le collége de la Guadeloupe, que disons-nous? le collége des Antilles, un collége national où, de tous les points de l'archipel américain, en moins de deux années, étaient accourus plus de deux cents élèves qui n'avaient plus rien à demander à l'éducation classique de l'Europe! Au moment du tremblement de terre, cette maison était vide. Depuis trois ans il n'y avait plus ni tables d'étude dans ses vastes salles, ni lits dans ses dortoirs, ni enfans agenouillés dans sa chapelle, ni voix pour enseigner, ni intelligences pour apprendre. L'esprit calomniateur et tracassier de quelques jalouses et ignorantes médiocrités de l'administration coloniale était passé par là. Il n'y restait plus, fier de sa conscience, de ses intentions et de ses actes, que le digne ecclésiastique fondateur de cet établissement. On l'avait forcé d'abord d'opter entre la cure de St-François-Basse-Terre et son collége; et bientôt, abreuvé d'ennuis, de dégoûts et d'entraves administratives de tout genre, il dut renoncer à son collége même, quand, pour augmenter sa responsabilité et le pouvoir qu'il se sentait d'être utile, il eut quitté sa cure où il n'avait que charge d'âmes, et où il a fait tant de bien, pour garder son collége, où il avait charge d'âmes et d'intelligences, et où il obtint de si brillans succès, dont on demande à grand cris le retour aujourd'hui.

Eh bien! c'est en mettant à la disposition du

Gouverneur et des victimes du tremblement de terre cette maison spacieuse, aérée, qui, par une sorte de prédestination divine, était distribuée si convenablement pour la circonstance, et sur laquelle le fléau avait providentiellement passé sans en ébranler ni une pierre ni un chevron ; c'est par cette bonne œuvre, manifestation, forcément publique cette fois, d'une charité qui n'a jamais cessé de s'exercer sans bruit, sans ostentation, que M. l'abbé Angelin s'est noblement vengé des calomnies misérables, des actes vendales et des sentimens d'envie et de haine dont quelques hommes méchans et bas ont pris à tâche de le poursuivre. Aussi, après avoir lu sur les ruines de la Pointe-à-Pitre la lettre dans laquelle M. Angelin faisait offrande de sa maison de Tillac à la calamité publique, le Gouverneur disait-il avec émotion à M. Jules de Maillan, qui la lui avait remise : « *Je le reconnais bien là !* »

Simples et nobles paroles, qui sont à la fois une consolation et un acte de justice, et qui ont trouvé des sympathies et un écho dans le cœur des honnêtes gens, qui, eux aussi, *avaient bien reconnu là le digne abbé Angelin.*

Je ne t'oublierai pas non plus, bon et brave FÉLIX. Né dans la classe sociale la plus humble, et dans la race réputée la plus infime de l'humanité, toi, simple et pauvre noir, *serviteur des serviteurs de tes frères,* tu as été éloquent, sublime ! Tes paroles sont les plus nobles qu'aucune bouche d'homme ait prononcées dans une occasion pareille.

Un père de famille, pour l'engager à sauver avec lui sa femme et ses enfans, lui offre sa bourse. — « Non, dit Félix dans son langage créole que je me garderais bien de changer, parce qu'on ne touche pas à de pareilles paroles ; la vertu et le martyr les ont sanctifiées : « Non, aujoud'hui ien pou l'agent, tout pou bon Dieu. » Il refuse l'or et se dévoue, sans trêve, ni merci, et le nombre de ceux qu'il a arrachés à la mort est bien grand !

Après l'événement, la reconnaissance privée et publique a cherché, ont appelé Félix ; Félix n'a pas répondu. Il est resté enseveli dans son dévoûment, étendu sous les décombres avec ceux qu'il cherchait à sauver. Honorons-le, mais ne le pleurons pas : il est là haut une autre récompense que celle que nous lui destinions ici-bas, et celle-là saura bien le trouver.

La garnison a été admirable de dévoûment ; officiers et soldats ont rivalisé de zèle pour arracher les blessés à la mort, soustraire au feu les objets précieux, empêcher les vols et maintenir l'ordre.

La maison occupée par le Trésor allait s'écrouler ; on crie au factionnaire de se sauver, mais il refuse, et, — exemple admirable de courage et de discipline militaire ! — il meurt à son poste, écrasé à côté du dépôt qui lui avait été confié.

La milice a rivalisé avec la troupe de ligne, et a mérité de grands éloges.

La marine a été ce qu'elle est toujours ; superbe d'énergie, de désintéressement et d'humanité.

M. Morin, le commandant du stationnaire, se faisait remarquer au nombre des plus intrépides travailleurs.

M. le Gouverneur ne s'était pas contenté de se rendre à la Pointe-à-Pitre et de prendre toutes les mesures en son pouvoir. Il avait adressé un chaleureux appel à ses collègues de la Martinique; il y trouva de généreux échos. L'amiral de Moges fut sur-le-champ sous voiles avec ses navires, apportant 150,000 rations, et, ce qui n'était pas moins précieux, le concours de ses braves équipages.

Jamais on n'a senti aussi vivement le malheur d'autrui que nos frères de la Martinique ont ressenti le nôtre... Le sentiment d'humanité et d'affection ne peut aller plus loin. Ils se sont émus comme s'ils avaient été frappés du même coup. Les citoyens de toutes les classes, leur digne gouverneur, la garnison, l'amiral et sa flotte, ont été animés du même élan. L'électricité seule produit de pareils effets. Promptitude dans les secours, prévoyance dans le choix, épanchement des sentimens, tout a été admirable. Terre des cœurs ardens, des vertus chevaleresques, tu as donné un saint exemple de fraternité, tu as offert un sublime spectacle de dévoûment ; aussi, sommes-nous à toi comme tu as été à nous!

Le gouverneur de la Guadeloupe ne peut cependant se séparer des ruines de la Pointe-à-Pitre; ce qui est tombé, il voudrait le relever; ce qui est mort, il voudrait le ranimer; ce qui gémit et qui souffre, il voudrait le consoler et le guérir; il voudrait qu'à sa voix, franchissant le temps et l'espace, le monde tout entier pût accourir à l'accomplissement de cette œuvre. Et voilà que Dieu, dans sa prédestination, lui envoie le *Gomer*, qui repart emporté par la double puissance de la vapeur et du vent, afin que la métropole apprenne plus tôt le désastre de la colonie et lui envoie plus tôt des secours.

A cette nouvelle, en effet, la patrie entière s'est émue; le Roi, la Reine, la famille royale, les illustrations de la France, les plus humbles citoyens, concourent à l'œuvre de la fraternité.

Parlerons-nous des étrangers?... Mais il n'en existe plus pour nous. Nos voisins se sont conduits comme des compatriotes.

Qu'elles sont simples, qu'elles sont touchantes ces lettres dans lesquelles se sont épanchés les sentimens de notre Gouverneur et de ses collègues des îles voisines! Qui de nous n'a pas été attendri en lisant la lettre de sir Grey, lettre si digne d'un chrétien, du représentant d'une grande nation, et qui ajoutait un nouveau prix aux secours déjà si précieux que nous envoyait la Barbade?

Ceux qui calomnient notre époque ne la comprennent point. La sensation produite dans tous les pays par la mort du Prince qui en devait être un jour le représentant, la paix maintenue dans le monde malgré tant de causes de discorde, cette sympathie si vive, si générale, qui s'est manifestée partout où est parvenu le bruit de nos malheurs, nous prouvent que l'ère des préjugés et des haines de nationalité est finie, que celle de l'humanité commence. C'est le résultat le plus avancé du Christianisme, qui, après avoir fait des hommes des frères, fait maintenant des nations des sœurs. Ainsi s'accompliront ces paroles, magnifique promesse du Christ :

« Il n'y aura plus qu'un seul troupeau, qu'un seul pasteur. »

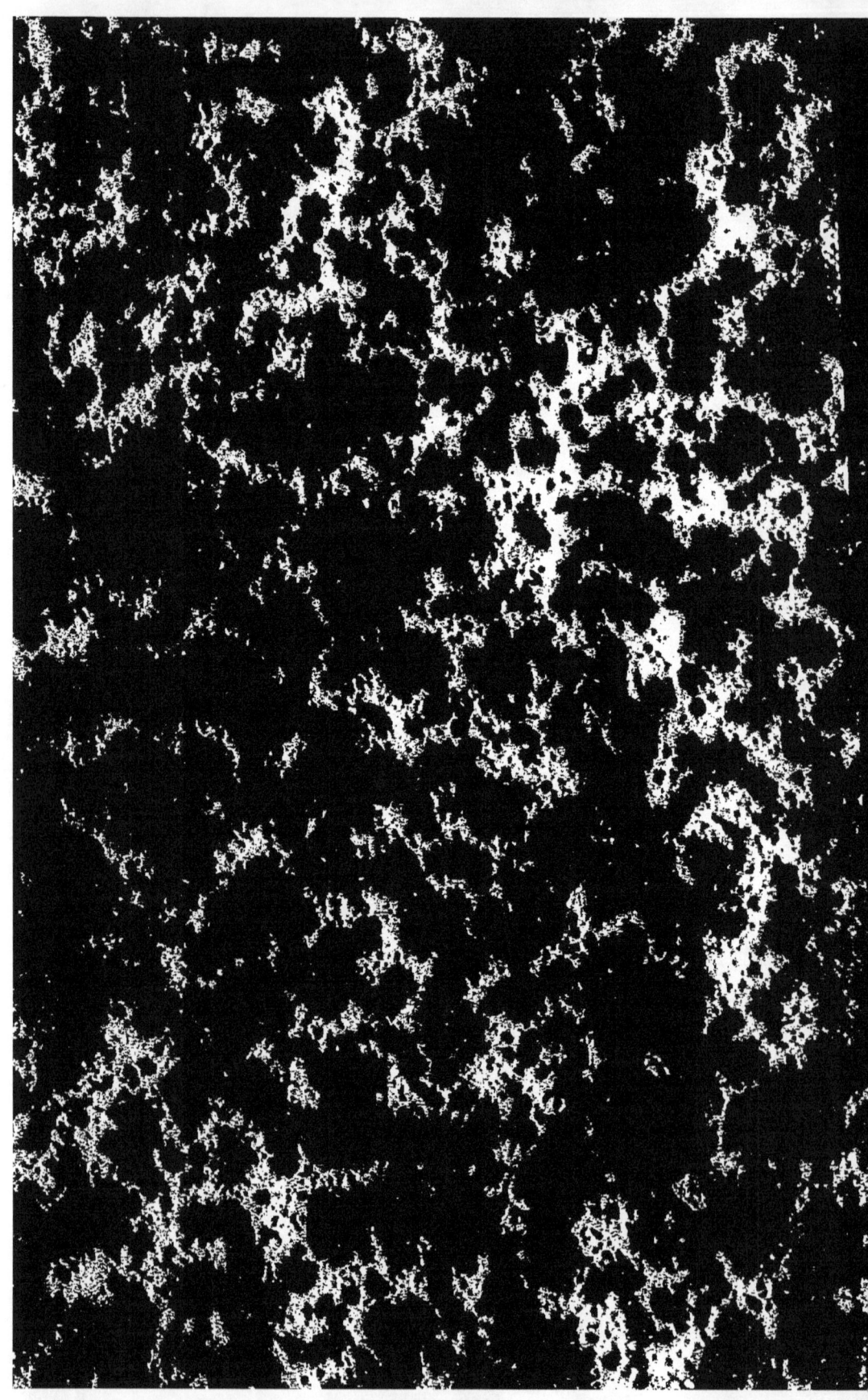

www.ingramcontent.com/pod-product-compliance
Lightning Source LLC
Chambersburg PA
CBHW060707050426
42451CB00010B/1320